# Pasti Proteici Eccezionali Per Il Bodybuilding:

# Irrobustisciti Velocemente Senza Frullati Per Muscoli O Supplementi

Di

Joseph Correa

*Nutrizionista Sportivo Certificato*

## DIRITTI D'AUTORE

© 2016 Correa Media Group

Tutti i diritti riservati

La riproduzione o la traduzione di qualsiasi parte di questo lavoro al di là di quanto consentito dalla sezione 107 o 108 degli Stati Uniti Copyright 1976, senza l'autorizzazione del titolare dei diritti è illegale.

La presente pubblicazione è stata progettata per fornire informazioni accurate e autorevoli in materia di Il tema trattato viene venduto con la consapevolezza che né l'autore né l'editore si impegnano a fornire consulenza medica. In caso di consultazione o di assistenza medica, consultare un medico. Questo libro è considerato una guida e non deve essere utilizzato in alcun modo che possa essere dannoso per la salute. Consultare un medico prima di iniziare questo piano nutrizionale per assicurarsi che sia giusto per te.

**RINGRAZIAMENTI**

Alla mia famiglia che ha reso possibile la realizzazione ed il successo di questo libro.

# Pasti Proteici Eccezionali Per Il Bodybuilding:

# Irrobustisciti Velocemente Senza Frullati Per Muscoli O Supplementi

Di

Joseph Correa

*Nutrizionista Sportivo Certificato*

# CONTENUTI

Diritti d'autore

Ringraziamenti

Cenni sull'autore

Introduzione

Pasti proteici eccezionali per il Bodybuilding

Altri grandi titoli dell'autore

## CENNI SULL'AUTORE

Come nutrizionista sportivo certificato e atleta professionista, sono fermamente convinto che una corretta alimentazione ti aiuterà a raggiungere i tuoi obiettivi più velocemente e in modo efficace. La mia conoscenza ed esperienza mi ha aiutato a vivere in modo più sano nel corso degli anni che ho condiviso con la famiglia e gli amici. Quanto più si sa di mangiare e bere in modo sano, tanto prima si vorrà cambiare la tua vita e abitudini alimentari.

Avere successo nel controllare il peso è importante in quanto permetterà di migliorare tutti gli aspetti della tua vita.

La nutrizione è una parte fondamentale nel processo per ottenere una forma migliore e questo è tutto ciò che è contenuto nel libro.

# INTRODUZIONE

Pasti proteici eccezionali per il Bodybuilding: irrobustisciti velocemente senza frullati per muscoli o supplementi.

Questo libro ti aiuterà ad aumentare la quantità di Proteine che si consumano al giorno per contribuire ad aumentare la massa muscolare. Questi pasti contribuiranno ad aumentare il muscolo in maniera organizzata con l'aggiunta di grandi porzioni sane di Proteine alla tua dieta. Essere troppo occupato a mangiare correttamente a volte può diventare un problema ed è per questo che questo libro ti farà risparmiare tempo e contribuirà a nutrire il tuo corpo per raggiungere gli obiettivi che desideri. Assicurati di sapere cosa stai mangiando per prepararartelo da solo o avere qualcuno che lo prepara per te.

Questo libro ti aiuterà a:

- Incrementare la muscolatura velocemente.

- Avere più energia.

- Mangiare con gusto.

- Accelerare il tuo metabolismo in modo naturale per avere più muscoli.

- Migliorare Il tuo sistema digestivo.

Joseph Correa è un nutrizionista sportivo certificato ed un atleta professionista.

# PASTI PROTEICI ECCEZIONALI PER IL BODYBUILDING

## 1. Uova bollite con basilico tritato

Ingredienti:

2 uova

1 cucchiaino di basilico tritato

Pepe

Preparazione:

Far bollire le uova per 10 minuti. Sbucciare e tritare in piccoli pezzi. Cospargere con il basilico tritato.

Valori nutrizionali per 100 g:

Carboidrati 1.1g

Zucchero 0g

Proteine 13g

Grassi totali (grasso buono monoinsaturo) 11g

124mg Sodio

126mg Potassio

Calcio 50mg

Ferro 1.2mg

Vitamine (vitamina A, B-6, B-12; C)

Calorie 155

## 2. Controfiletto di manzo con fette di melanzane

Ingredienti:

1 controfiletto di manzo

1 melanzana media

1 cucchiaino di olio d'oliva

basilico tritato

Pepe

Preparazione:

Lavare e pepare la carne. Grigliarla su una teglia barbecue per circa 10 minuti per ogni lato. Togliere dal tegame. Sbucciare le melanzane e tagliare due fette spesse. Soffriggere per pochi minuti nella stessa padella. Togliere dal fuoco e servire con carne di manzo. Cospargere con il basilico tritato.

Valori nutrizionali:

Carboidrati 6g

Zucchero 1.2g

Proteine 35,2 g

Grasso totale 4.9g

Sodio 57 mg

Potassio 397mg

Calcio 18.5mg

Ferro 1.9mg

Vitamine (vitamina A, B-6, B-12; C; D, D2, D3, K, tiamina, K)

Calorie 212

## 3. Insalata pomodoro e noci

**Ingredienti:**

1 pomodoro grande

½ tazza di noci tritate

1 cucchiaino di succo di limone

Preparazione:

Lavare e tagliare il pomodoro a pezzetti. Aggiungere le noci tritate e mescolare bene. Versare il succo di limone sull'insalata.

Valori nutrizionali per 1 tazza:

Carboidrati 8.2g

Zucchero 3.8g

Proteine 10g

Grasso totale 4.5g

Sodio 17 mg

112mg Potassio

Calcio 16.5mg

Ferro 1.3mg

Vitamine (vitamina A, B-6, B-12; C; D, D2, D3, K, riboflavina, niacina, tiamina, K)

Calorie 218

## 4. Bietole con olio di oliva

Ingredienti:

1 mazzetto di bietole

1 cucchiaino di olio d'oliva

1 cucchiaino di curcuma

Preparazione:

Lavare e tritare le bietole. Friggerle in olio d'oliva per 20 minuti ad una temperatura bassa, o finché saranno tenere. Aggiungere curcuma prima di servire.

Valori nutrizionali per una tazza:

Carboidrati 6.9g

Zucchero 2.1g

Proteine 8,4 g

Grasso totale 1.9g

Sodio 34.2 mg

Potassio 23.2mg

Calcio 12.4mg

Ferro 0.59mg

Vitamine (vitamina A, B-6, B-12; C; D, D2, D3, K, riboflavina, niacina, tiamina, K)

Calorie 113

## 5. Funghi al forno con rosmarino

Ingredienti:

1 tazza di funghi

1 cucchiaino di olio d'oliva

1 cucchiaino di rosmarino tritato

Preparazione:

Cuocere i funghi in una padella barbecue per 5-7 minuti. Togliere dal tegame e cospargere con olio d'oliva e rosmarino tritato.

Valori nutrizionali per una tazza:

Carboidrati 6.2g

Zucchero 1.1g

Proteine 8,4 g

Grassi totali (grasso buono monoinsaturo) 1.3g

Sodio 48.2 mg

Potassio 23.2mg

Calcio 12.4mg

Ferro 0.59mg

Vitamine (vitamina A, B-6, B-12; C; D, D2, D3, K, riboflavina, niacina, tiamina, K)

Calorie 117

## 6. Insalata di polipo con pomodori e capperi

Ingredienti:

1 tazza di polpo surgelato a pezzi

¼ di tazza di capperi

½ tazza di olive

5 pomodorini

1 cucchiaino di prezzemolo tritato

1 cucchiaino di sedano tritato

1 cipolla piccola

2 spicchi d'aglio

1 cucchiaino di rosmarino tritato

1 cucchiaio di olio d'oliva

1 cucchiaino di succo di limone

Preparazione:

Cuocere il polpo in acqua salata finché sarà tenero. Di solito ci vogliono circa 20-30 minuti. Togliere dal fuoco, lavarlo e scolarlo. Lavare e tagliare le verdure e mescolare con il polpo. Mescolare le spezie e aggiungerle all'insalata. Cospargere con olio d'oliva e succo di limone. Raffreddare bene prima di servire.

Valori nutrizionali per una tazza:

Carboidrati 12.9g

Zucchero 5.1g

Proteine 16,4 g

Grassi totali (grasso buono monoinsaturo) 9.9g

Sodio 114.2 mg

Potassio 83.2mg

Calcio 42.4mg

Ferro 0.59mg

Vitamine (vitamina A, B-6, B-12; C; D, D2, D3, K, riboflavina, niacina, tiamina, K)

Calorie 81

## 7. Zucchine alla griglia con aglio e prezzemolo

Ingredienti:

1 zucchina media

1 cucchiaio di prezzemolo tritato

2 spicchi d'aglio

Preparazione:

Sbucciare le zucchine e tagliarle in 4 fette. Friggerle in una padella da barbecue per 3-4 minuti. Aggiungere l'aglio tritato e cuocere per altri 5 minuti. Cospargere con il prezzemolo prima di servire.

Valori nutrizionali:

Carboidrati 3.71g

Zucchero 3g

Proteine 2 g

Grasso totale 0g

Sodio 2.9 mg

Potassio 360mg

Calcio 0,2 mg

Ferro 0,3 mg

Vitamine (vitamina A, B-6, B-12; C; D: K)

Calorie 20

## 8. Frutta e verdura mista shake

Ingredienti:

1 tazza di mirtilli, lamponi, more e fragole

½ tazza di spinaci tritate

2 tazze di acqua

Preparazione:

Mescolare gli ingredienti in un frullatore per pochi minuti.

Valori nutrizionali per 1 tazza:

Carboidrati 9,2 g

Zucchero 6.15g

Proteine 8.75g

Grasso totale 0.87g

Sodio 54.8mg

107.8mg Potassio

Calcio 82 mg

Ferro 2.03mg

Vitamine (Vitamina C acido Grasso totale ascorbico, B-6, B-12; Folato-DFE, A-RAE, A-UI, E-alfa-tocoferolo; D; D-D2 + D3; K-fillochinone, Tiamina, riboflavina; Niacina)

Calorie 42.6

## 9. Pesce stufato

Ingredienti:

1 filetto di carpa

1 carota

2 peperoncini

1 pomodoro medio

Pepe

radici e foglie di sedano

Preparazione:

Sarebbe meglio comprare le carote cotte, o cuocerle prima di preparare lo stufato di pesce. Lavare e tagliare le verdure, mescolare con sedano e pesce e mettere in una pentola. Versare poca acqua, solo per coprirlo. Cuocere a bassa temperatura per 20-30 minuti.

Valori nutrizionali:

Carboidrati 8.2g

Zucchero 3.9g

Proteine 15,2 g

Grassi totali (grasso buono monoinsaturo) 6.6g

Sodio 113,8 mg

Potassio 71mg

Calcio 29.1mg

Ferro 0.32mg

Vitamine (vitamina A, B-6, B-12; C; D, D2, D3, K, riboflavina, niacina, tiamina, K)

Calorie 172

## 10. Frittata di ananas con le mandorle

Ingredienti:

3 fette di ananas

2 uova

½ tazza di mandorle

1 cucchiaio di semi di lino di olio per friggere

Preparazione:

Sbattere le uova e aggiungere le mandorle. Friggere le fette di ananas per pochi minuti su entrambi i lati, senza olio. Al termine, togliere dalla padella, aggiungere l'olio, scaldare e aggiungere le uova miscelate. Servire con fette di ananas al forno.

Valori nutrizionali per 100g:

Carboidrati 8.9g

Zucchero 4.6g

Proteine 19,2 g

Grasso totale 13.6g

Sodio 134,8 mg

Potassio 131mg

Calcio 67.1mg

Ferro 1.52mg

Vitamine (vitamina A, B-12; C, K, riboflavina, niacina, K)

Calorie 187

## 11. Manzo a pezzi con ananas e curcuma

Ingredienti:

1 pezzo di carne bovina medio

1 cucchiaio di olio d'oliva

1 cucchiaino di curcuma

Pepe

2 fette di ananas

Preparazione:

Lavare e asciugare la carne. Friggerla senza olio, nella sua salsa, per 15-20 minuti a bassa temperatura. Togliere dal fuoco. Preparare una salsa con olio d'oliva, curcuma e pepe e diffonderla sul manzo fritto. Friggere ancora una volta per 3-4 minuti, aggiungere le fette di ananas e servire caldo.

Valori nutrizionali per 100g:

Carboidrati 15.7g

Zucchero 9.9g

Proteine 34g

Grassi totali (grasso buono monoinsaturo) 17.6g

Sodio 99,3 mg

Potassio 328mg

Calcio 49.1mg

Ferro 0.52mg

Vitamine (vitamina A, B-6, B-12; C; D, D2, D3, K, riboflavina, niacina, tiamina, K)

Calorie 311

## 12. Macedonia

Ingredienti:

1 tazza di frutti di bosco

½ bicchiere di cubetti di ananas

½ tazza di mela tritato

1 cucchiaino di cannella

1 cucchiaino di sciroppo di agave

Preparazione:

Mescolare la frutta, aggiungere lo sciroppo di agave e spolverare con cannella.

Valori nutrizionali per una tazza:

Carboidrati 19.2g

Zucchero 12g

Proteine 15,2 g

Grassi totali (grasso buono monoinsaturo) 4.6g

Sodio 123,8 mg

Potassio 95mg

Calcio 44.1mg

Ferro 0.52mg

Vitamine (vitamina A, B-6, B-12; C; D, D2, D3, K, riboflavina, niacina, tiamina, K)

Calorie 77

## 13. Insalata di tonno con lattuga e curry

Ingredienti:

1 piccola scatoletta di tonno senza olio

1 mazzetto di lattuga

2 peperoncini

1 cucchiaino di curry

1 cucchiaino di salsa di limone

Preparazione:

Lavare e tagliare la lattuga. Mescolare con tonno, aggiungere peperoncino tritato e salsa di limone. Cospargere con curry.

Valori nutrizionali per 1 tazza:

Carboidrati 23.4g

Zucchero 13g

Proteine 33.2g

Grassi totali (grasso buono monoinsaturo) 12.4g

Sodio 123mg

Potassio 72.3mg

Calcio 42.1mg

Ferro 0.27mg

Vitamine (vitamina A, B-6, B-12; C; D, D2, D3, K, riboflavina, niacina, tiamina, K)

Calorie 68

## 14. Fesa di tacchino con noce moscata e carruba

Ingredienti:

1 fesa di tacchino

½ tazza di acqua

½ tazza di noce moscata

½ bicchiere di carruba

Preparazione:

Lavare e pulire la carne. Friggere per circa 15 minuti nella propria salsa (aggiungere un po' d'acqua mentre frigge il tacchino). Grattugiare finemente noce moscata e carruba e aggiungerle in pentola. Mescolare bene con la salsa di tacchino. Togliere dalla padella e cospargere con un po' di carruba.

Valori nutrizionali per una tazza:

Carboidrati 3.2g

Zucchero 0.9g

Proteine 31g

Grassi totali (grasso buono monoinsaturo) 10.4g

Sodio 998mg

Potassio 78.2mg

Calcio 48mg

Ferro 0.37mg

Vitamine (vitamina A, B-6, B-12; C; D, D2, D3, K, riboflavina, niacina, tiamina, K)

Calorie 210

## 15. Fette di melanzana alla griglia con finocchio tritato

Ingredienti:

1 melanzana grande

½ tazza di finocchio tritato

1 cucchiaio di olio d'oliva

1 cucchiaino di prezzemolo tritato

Preparazione:

Sbucciare le melanzane e tagliarle a 3 fette. Cuocerle in una padella senza olio. Una volta fatto, cospargere l'olio di oliva su di esse, e condire con finocchio e prezzemolo.

(Le fette di melanzana si mangeranno fredde, lasciandole per una notte in frigorifero)

Valori nutrizionali per porzione:

Carboidrati 8.9g

Zucchero 3g

Proteine 7g

Grassi totali (grasso buono monoinsaturo) 2.4g

Sodio 54mg

Potassio 32.5mg

Calcio 12.4mg

Ferro 0.37mg

Vitamine (vitamina A, B-6, B-12; C; D, D2, D3, K, riboflavina, niacina, tiamina, K)

Calorie 54

## 16. Frittata di spinaci

Ingredienti:

1 tazza di spinaci tritati

2 uova

1 cucchiaio di olio di oliva per friggere

Preparazione:

Cuocere gli spinaci in acqua salata finché saranno teneri. Togliere dalla padella e scolare. Friggere in olio di oliva per 5-6 minuti e aggiungere le uova. Mescolare bene e servire caldo.

Valori nutrizionali per 100g:

Carboidrati 1.9g

Zucchero 0.6g

Proteine 19,2 g

Grasso totale 13.6g

Sodio 144mg

Potassio 133mg

Calcio 71mg

Ferro 1.8mg

Vitamine (vitamina A, B-12; C, K, riboflavina, niacina, K)

Calorie 177

## 17. Melanzana in casseruola

Ingredienti:

2 grandi melanzane

1 tazza di carne macinata

1 cipolla media

1 cucchiaino di olio d'oliva

Pepe

2 pomodori medi

1 cucchiaino di prezzemolo tritato

Preparazione:

Sbucciare le melanzane e tagliarle longitudinalmente in strati sottili. Metterle in una ciotola, e lasciarle riposare per almeno un'ora. Rotolarle poi nelle uova sbattute. Friggere in olio caldo. Tagliare la cipolla, soffriggere, aggiungere il pomodoro, tagliato a dadini e il prezzemolo tritato. Friggere per qualche minuto e poi aggiungere la carne. Quando la carne è tenera, togliere dal fuoco, raffreddare, aggiungere 1 uovo e condire con pepe. Mettete le melanzane fritte e carne con verdure in una pirofila e realizzare degli strati finché non sarà stato utilizzato tutto il materiale. Cuocere in forno per 30 minuti a 300 gradi.

Valori nutrizionali per 100g:

Carboidrati 7.9g

Zucchero 3.4g

Proteine 10,2 g

Grasso totale 13.6g

Sodio 164mg

Potassio 302mg

Calcio 21.1mg

Ferro 1.32mg

Vitamine (vitamina A, B-12; C, K, riboflavina, niacina, K)

Calorie 109

## 18. Porri con cubetti di pollo

Ingredienti:

2 tazze di porri tagliati

1 tazza di filetto di pollo, tagliato a cubetti

olio d'oliva

timo in foglie per la decorazione

sale q.b.

Preparazione:

Tagliare i porri a pezzetti e lavarli sotto l'acqua fredda, il giorno prima di servire. Lasciarli tutta la notte in un sacchetto di plastica.

Scaldare l'olio in una padella larga. Aggiungere i cubetti di pollo e friggere per circa 15 minuti ad una temperatura media. Aggiungere i porri, mescolare bene e friggere per altri 10 minuti a bassa temperatura. Togliere dal tegame e lasciar raffreddare. Decorare con foglie di timo.

Valori nutrizionali per 1 tazza:

Carboidrati 7g

Zucchero 1.6g

Proteine 18,1 g

Grasso totale 13.6g

Sodio 124,1 mg

Potassio 120mg

Calcio 69.3mg

Ferro 1.42mg

Vitamine (vitamina A, B-6, B-12; C; D, D2, D3, K, riboflavina, niacina, tiamina, K)

Calorie 187

## 19. Funghi cotti con verdure

Ingredienti:

2 tazze di funghi champignon

1 tazza di cubetti di tacchino

2 carote grandi

½ tazza di cavolo tritato

1 cucchiaino di zenzero

1 cucchiaio di olio d'oliva

1 cucchiaino di prezzemolo tritato

Preparazione:

Cuocere le verdure in acqua finché saranno tenere. Togliere dalla padella e scolare. Lasciar raffreddare per un po'. Mescolare olio di oliva, zenzero e prezzemolo, aggiungere poca acqua e cuocere per qualche minuto, a fuoco medio. Versare sopra le verdure, aggiungere il tacchino e mescolare bene. Lasciar raffreddare in frigorifero per circa 30 minuti prima di servire.

Valori nutrizionali per 1 tazza:

Carboidrati 18.6g

Zucchero 11.3g

Proteine 21.9g

Grasso totale 14.2g

Sodio 153,3 mg

Potassio 89.8mg

Calcio 49.9mg

Ferro 0.42mg

Vitamine (vitamina A, B-6, B-12; C; D, D2, D3, K, riboflavina, niacina, tiamina, K)

Calorie 79

## 20. Ali di pollo con salsa curcuma

Ingredienti:

2 ali di pollo

1 cucchiaino di curcuma

1 cucchiaio di olio d'oliva

½ cucchiaino di rosmarino essiccato

¼ cucchiaino di pepe rosso

Preparazione:

Friggere le ali di pollo in una padella barbecue per 10-15 minuti. 3-4 minuti prima di terminare la cottura, aggiungere olio d'oliva, curcuma, rosmarino, pepe e un po' d'acqua. Mescolare bene la salsa e immergere il pollo.

Valori nutrizionali per 100g:

Carboidrati 18.6g

Zucchero 0.9g

Proteine 28g

Grasso totale 22.7g

Sodio 431,3 mg

Potassio 189mg

Calcio 2.9mg

Ferro 2.42mg

Vitamine (vitamina A, B-6, B-12; C; D, D2, D3, K, riboflavina, niacina, tiamina, K)

Calorie 318

## 21. Insalata di tonno e pomodoro

Ingredienti:

2 grossi pomodori

2 cipolle medie

3 scatolette di tonno

1 cucchiaio di olio d'oliva

1 cucchiaino di succo di limone

basilico

sale q.b.

Preparazione:

Lavare e sbucciare le verdure. Tagliarle in piccoli cubetti. Aggiungere olio d'oliva, succo di limone e basilico. Mescolare bene.

Valori nutrizionali per una tazza:

Carboidrati 17.9g

Zucchero 9,1 g

Proteine 28,3 g

Grassi totali (grasso buono monoinsaturo) 15.8g

Sodio 127mg

Potassio 89.6mg

Calcio 42.1mg

Ferro 0.38mg

Vitamine (vitamina A, B-6, B-12; C; D, D2, D3, K, riboflavina, niacina, tiamina, K)

Calorie 99

## 22. Bistecca di vitello con salsa al pepe rosso

Ingredienti:

1 bistecca di vitello medio

1 manciata di paprika rossa

1 cucchiaino di pepe rosso

1 cucchiaio di olio d'oliva

rosmarino tritato

Preparazione:

Lavare la paprica tagliata in piccoli pezzi. Metterla in una grande padella, aggiungere olio d'oliva e rosmarino. Stufare per 15 minuti a fuoco basso. Aggiungere pepe rosso e far cuocere ancora per qualche minuto. Lavare e asciugare la bistecca. Friggere in una padella finché sarà tenera. Aggiungere la salsa e togliere dal tegame.

Valori nutrizionali per 100g:

Carboidrati 4.5g

Zucchero 2.1g

Proteine 26 g

Grasso totale 9.8g

Sodio 87 mg

Potassio 339mg

Calcio 2,1 mg

Ferro 0.16mg

Vitamine (vitamina A, B-6, B-12; C; D, D2, D3, K)

Calorie 203

## 23. Frittata di funghi

Ingredienti:

1 tazza di funghi

2 uova

1 cucchiaio di olio d'oliva

Preparazione:

Friggere i funghi in olio d'oliva a bassa temperatura. Lasciar evaporare l'acqua dei funghi. Aggiungere le uova e mescolare bene.

Valori nutrizionali per 100 g:

Carboidrati 4.1g

Zucchero 0g

Proteine 18g

Grassi totali (grasso buono monoinsaturo) 11g

Sodio 126mg

Potassio 124mg

Calcio 14.9mg

Ferro 1.8mg

Vitamine (vitamina A, B-6, B-12; C)

Calorie 174

## 24. Filetto di tacchino con noci e sciroppo d'acero

Ingredienti:

3 filetti di tacchino

½ tazza di noci

1 cucchiaino di sciroppo d'acero

¼ di tazza di acqua

1 cucchiaio di olio d'oliva

sale q.b.

Preparazione:

Friggere i filetti in una padella barbecue a temperatura bassa per circa 15 minuti, o finché sono teneri. Togliere dal fuoco e aggiungere acqua, sciroppo d'acero e noci. Mescolare bene e friggere per altri 5-6 minuti fino a quando l'acqua sarà evaporata del tutto. Lasciar raffreddare per un po'.

Valori nutrizionali per 100 g:

Carboidrati 10.1g

Zucchero 7.3g

Proteine 24.2g

Grasso totale 8.7g

Sodio 1025mg

Potassio 126mg

Calcio 50mg

Ferro 1.2mg

Vitamine (vitamina A, B-6; C)

Calorie 148

## 25. Arrosto di pomodorini, melanzane e basilico

Ingredienti:

1 piccola melanzana

5 albumi

1 tazza di pomodori ciliegia

1 cucchiaino di basilico fresco tritato

1 cucchiaio di olio d'oliva

pepe bianco q.b.

1 cucchiaino di succo di limone

Preparazione:

Tagliare le melanzane in pezzi spessi, a forma di dado. Salare i cubetti di melanzane, aggiungere olio, albume d'uovo e mettere in una teglia. Se necessario, aggiungere un po' di olio di oliva (questo è opzionale). Cuocere in forno per circa 10 minuti con forno preriscaldato a 350 gradi. Pulire i pomodorini e cuocere per circa 15 minuti ad una temperatura bassa, utilizzando una piccola casseruola. Si dovrebbe ottenere la salsa di pomodoro leggermente caramellata. Rimuovere dal fuoco e lasciarlo raffreddare per un po'. Mescolare delicatamente in salsa di limone, olio d'oliva e basilico fresco. Versare sopra le melanzane e servire freddo. Un grande contorno per barbecue o pesce alla griglia. Si può conservare in frigorifero fino ad una settimana.

Valori nutrizionali per porzione:

Carboidrati 10.4g

Zucchero 3g

Proteine 19g

Grassi totali (grasso buono monoinsaturo) 4.9g

Sodio 52mg

Potassio 38.3mg

Calcio 12.9mg

Ferro 0.32mg

Vitamine (vitamina A, B-6, B-12; C; D, D2, D3, K, riboflavina, niacina, tiamina, K)

Calorie 87

## 26. Frittata con noce moscata

Ingredienti:

3 uova

2 cucchiai di olio d'oliva

1 cucchiaino di noce moscata

1/5 cucchiaino di pepe

Preparazione:

Sbattere le uova e aggiungere noce moscata e pepe. Mescolare bene e friggere in olio di oliva per qualche minuto. Servire caldo. È possibile aggiungere un po' di sale, a piacere.

Valori nutrizionali per 100g:

Carboidrati 0.9g

Zucchero 0.45g

Proteine 12g

Grasso totale 12.4g

Sodio 156mg

Potassio 117.5mg

Calcio 4.4mg

Ferro 7.37mg

Vitamine (vitamina A, B-6; D; D2; D3)

Calorie 156

## 27. Gamberetti in salsa di pomodoro

Ingredienti:

2 tazze di gamberetti surgelati

1 grosso pomodoro

1 cucchiaino di basilico essiccato

2 spicchi d'aglio

3 cucchiai di olio d'oliva

sale q.b.

Preparazione:

Grigliare i gamberi in una padella barbecue senza olio. Lavare il pomodoro tagliato a pezzetti, aggiungere il basilico tritato, l'aglio tritato e l'olio d'oliva. Far cuocere per 5-6 minuti (aggiungere un po' d'acqua se necessario). Versare la salsa sui gamberi alla griglia. Servire con lattuga.

Valori nutrizionali per 100g:

Carboidrati 7.9g

Zucchero 4.2g

Proteine 28g

Grassi totali (grasso buono monoinsaturo) 1.32g

Sodio 131mg

Potassio 269.5mg

Calcio 8.7mg

Ferro 4.37mg

Vitamine (vitamina A, B-6, B-12; C; D, D2, D3, K, riboflavina, niacina, tiamina, K)

Calorie 164

## 28. Insalata di lattuga

Ingredienti:

1 mazzetto di lattuga

1 cucchiaio di olio d'oliva

1 cucchiaino di succo di limone

Preparazione:

Lavare e tagliare la lattuga, aggiungere l'olio ed il succo di limone. Meglio preparare questa insalata prima di servire un pasto. Non lasciar riposare a lungo.

Valori nutrizionali per 1 tazza:

Carboidrati 1.2g

Zucchero 0.3g

Proteine 1.7g

Grassi totali (grasso buono monoinsaturo) 1.4g

Sodio 19mg

Potassio 132mg

Calcio 1.4mg

Ferro 2.3mg

Vitamine (vitamina A, B-6, B-12; C; K)

Calorie 25

## 29. Insalata di coriandolo

Ingredienti:

1 tazza di coriandolo tritato

1 uovo sodo

2 tazze di pomodorini

1 cucchiaino di curcuma

2 cucchiai di olio d'oliva

1 cucchiaino di salsa di limone

sale q.b.

Preparazione:

Lavare e tagliare i pomodorini e mescolarli con il coriandolo. Aggiungere curcuma, olio d'oliva e salsa di limone.

Valori nutrizionali per una tazza:

Carboidrati 14.2g

Zucchero 8.9g

Proteine 10g

Grassi totali (grasso buono monoinsaturo) 9.6g

Sodio 122.2 mg

Potassio 81mg

Calcio 45.5mg

Ferro 0.37mg

Vitamine (vitamina A, B-6, B-12; C; D, D2, D3, K, riboflavina, niacina, tiamina, K)

Calorie 55

## 30. Uova fritte con menta tritata

Ingredienti:

3 uova

1 cucchiaio di olio d'oliva

1 cucchiaio di menta tritata

1 tazza di pomodori ciliegia

1 cipolla piccola

pepe q.b.

sale q.b.

Preparazione:

Tagliare le verdure a pezzetti e friggerle in grande casseruola a temperatura bassa per circa 15 minuti. Attendere che l'acqua evapori. Sbattere le uova e aggiungere la menta tritata. Mescolare con le verdure, aggiungere l'olio d'oliva e friggere per qualche minuto. Prima di servire aggiungere un po' di sale e pepe a piacere.

Valori nutrizionali per 100 g:

Carboidrati 8.1g

Zucchero 4g

Proteine 28g

Grassi totali (grasso buono monoinsaturo) 11.9g

Sodio 176mg

Potassio 174mg

Calcio 17.9mg

Ferro 1.5mg

Vitamine (vitamina A, B-6, B-12; C; D, D2, D3, K, riboflavina, niacina, tiamina, K)

Calorie 194

## 31. Cotoletta con chiodi di garofano tritati

Ingredienti:

2 grandi braciole di vitello

1 tazza di chiodi di garofano tritati

4 cucchiai di olio d'oliva

1 cucchiaio di prezzemolo secco

1 cucchiaino di rosmarino

1 cucchiaino di pepe rosso

1 cucchiaio di succo di limone

Preparazione:

Mescolare bene i chiodi di garofano, olio d'oliva, prezzemolo e rosmarino per ottenere una bella salsa. Lavare la bistecca e metterla in una piccola teglia. Aggiungere la salsa e cuocere per 15-20 minuti a 300 gradi. Togliere dal forno, cospargere con pepe e succo di limone. Decorare con qualche foglia di prezzemolo. Lasciarla raffreddare per circa 10 minuti.

Valori nutrizionali per 100g:

Carboidrati 8.2g

Zucchero 4.9g

Proteine 22g

Grasso totale 9.6g

Sodio 97,2 mg

Potassio 381mg

Calcio 4,5 mg

Ferro 5.3mg

Vitamine (vitamina A, B-6, B-12; C; D, D2, D3, K, riboflavina, niacina, tiamina, K)

Calorie 216

## 32. Zuppa di pomodoro

Ingredienti:

1 tazza di salsa di pomodoro

2 albumi

2 tazze di acqua

2 spicchi d'aglio

2 cucchiai di olio d'oliva

1 cucchiaino di maggiorana essiccata

prezzemolo tritato

Preparazione:

Friggere finemente l'aglio nell'olio. Mescolare in salsa di pomodoro miscelato con acqua. Aggiungere il prezzemolo e far bollire. Servire con la maggiorana.

Valori nutrizionali per 150ml:

Carboidrati 6,8 g

Zucchero 3.9g

Proteine 7g

Grassi totali (grasso buono monoinsaturo) 0.6g

Sodio 190.2 mg

Potassio 112mg

Calcio 0.5mg

Ferro 2.3mg

Vitamine (vitamina A; C)

Calorie 30

## 33. Zucchine cotte con basilico tritato e menta

Ingredienti:

1 zucchina di grandi dimensioni

¼ di tazza di basilico tritato

¼ di tazza di menta tritata

1 cucchiaio di olio d'oliva

¼ bicchiere d'acqua

pepe q.b.

Preparazione:

Cuocere le spezie in acqua e aggiungere il pepe, per 2-3 minuti. Sbucciare e tagliare le zucchine in tre fette. Grigliarle su un tegame con olio d'oliva. Aggiungere menta e basilico. Friggere fino a quando tutta l'acqua sarà evaporata. È possibile aggiungere un po' di succo di limone prima di servire, ma questo è opzionale.

Valori nutrizionali per porzione:

Carboidrati 3.8g

Zucchero 2g

Proteine 2,9 g

Grasso totale 0.9g

Sodio 2.76 mg

Potassio 343mg

Calcio 0.27mg

Ferro 0,3 mg

Vitamine (vitamina A, B-6, B-12; C; D: K)

Calorie 23

## 34. Zuppa di vitello tritato con verdure

Ingredienti:

1 bistecca di vitello

2 carote grandi

½ tazza di prezzemolo tritato

1 grosso pomodoro

¼ cucchiaino di pepe

1 cipolla piccola

Preparazione:

Lavare la carne e metterla in una pentola. Versare l'acqua e cuocere fino a quando la carne sarà tenera. Nel frattempo, pulire e tagliare le verdure a cubetti. Quando la carne è cotta, toglierla dalla teglia e tagliarla a dadini. Mescolare con verdure, rimettere in acqua e cuocere fino a quando le carote saranno tenere. Aggiungere il condimento e servire.

Valori nutrizionali per 1 tazza:

Carboidrati 3g

Zucchero 2.1g

Proteine 22 g

Grassi totali 5,7 g

Sodio 71 mg

Potassio 148mg

Calcio 2.2mg

Ferro 4.3mg

Vitamine (vitamina A, B-6, B-12; C; D, D2, D3, K, riboflavina, niacina, tiamina, K)

Calorie 112

## 35. Cotoletta d'agnello con salsa alla nocciola

Ingredienti:

1 cotoletta media di agnello

½ tazza di nocciole

1 cucchiaino di curry

1 cucchiaio di olio d'oliva

pepe q.b.

Preparazione:

Lavare la cotoletta e cuocerla in acqua 15-20 minuti. Toglierla dalla pentola, mantenendo l'acqua di cottura. Fare una salsa con olio, curry, nocciole e pepe. Stendere la salsa sopra la cotoletta, aggiungere un po' d'acqua della carne e cuocere in forno a 300 gradi per 15-20 minuti.

Valori nutrizionali per 100g:

Carboidrati 4.7g

Zucchero 4.1g

Proteine 29 g

Grasso totale 11.8g

Sodio 137 mg

Potassio 239mg

Calcio 2.9mg

Ferro 2.16mg

Vitamine (vitamina A, B-6, B-12; C; D, D2, D3, K, riboflavina, niacina, tiamina, K)

Calorie 213

## 36. Peperone rosso alla griglia

Ingredienti:

1 grande peperone rosso

1 cucchiaio di olio d'oliva

2 spicchi d'aglio

prezzemolo tritato

Preparazione:

Mescolare l'olio d'oliva con aglio e prezzemolo. Stendere la salsa sopra il peperone e cuocere in padella a bassa temperatura per circa 10-15 minuti.

Valori nutrizionali per 100g:

Carboidrati 6.2g

Zucchero 4.4g

Proteine 2g

Grasso totale 0.8g

Sodio 7 mg

Potassio 215mg

Calcio 2.8mg

Ferro 2. 6mg

Vitamine (vitamina A, B-6, B-12; C; D, riboflavina, niacina, tiamina, K)

Calorie 38

## 37. Paté di Melanzane

Ingredienti:

1 melanzana grande

6 albumi

1 cucchiaino di senape

1 cucchiaino di maionese senza grassi

2 spicchi d'aglio

1 cucchiaino di prezzemolo

¼ di tazza di acqua

1 cucchiaino di olio d'oliva

Preparazione:

Nota: La quantità di melanzane e acqua può variare notevolmente a seconda del tipo di melanzane e dai modi di preparare questo paté. Le melanzane al forno saranno più asciutte, ma più gustose e meno amare. Le melanzane pulite e "cotte" in un forno a microonde saranno più leggere, più liquide e un po' più amare, ma pronte in pochissimo tempo.

Sbucciare le melanzane, tagliatele a dadini e cuocere insieme, in un piatto adatto al microonde per circa 5 minuti. Oppure, cuocerle in un forno tradizionale, sbucciandole e sciacquandole. Aggiungere l'acqua e frullare le melanzane con un mixer.

Mescolare la maionese con albume d'uovo e olio d'oliva. Aggiungere le melanzane e unire il tutto per bene.

Aggiungere l'aglio tritato finemente e la senape. In questo modo è possibile ottenere un grande barattolo di paté. Ottimo come stuzzichino, condimento o come contorno. Perfetto con pollo e tacchino.

Valori nutrizionali per 100g:

Carboidrati 12.9g

Zucchero 6g

Proteine 17g

Grasso totale 3.4g

Sodio 154mg

Potassio 132.5mg

Calcio 10.4mg

Ferro 3.37mg

Vitamine (vitamina A, B-6, B-12; C; D, D2, D3, K, riboflavina, niacina, tiamina, K)

Calorie 71

## 38. Stufato di manzo e cavolo

Ingredienti:

1 grande bistecca

1 tazza di cavolo tritato, cotto

¼ cucchiaino di pepe

2 cucchiai di olio d'oliva

½ tazza di acqua

Preparazione:

Tagliate la carne a pezzetti. Mettere in una pentola e far cuocere a bassa temperatura, in olio di oliva finché sarà tenera. Aggiungere un po' d'acqua se necessario. Quando la carne sarà tenera, aggiungere cavolo e pepe. Stufare a bassa temperatura per almeno 40 minuti.

Valori nutrizionali per 100g:

Carboidrati 8.1g

Zucchero 3.2g

Proteine 36,1 g

Grasso totale 6.9g

Sodio 157 mg

Potassio 499mg

Calcio 19.9mg

Ferro 5.9mg

Vitamine (vitamina A, B-6, B-12; C; D, D2, D3, K, tiamina, K)

Calorie 234

## 39. Zuppa di broccoli

Ingredienti:

1 tazza di broccoli

1 piccola carota

1 piccola cipolla

poco sale

pepe q.b.

1 cucchiaio di olio di cocco

Preparazione:

Lavare le cipolle e le carote, ma senza tagliarle. Metterle insieme con i broccoli in acqua salata e cuocere. Quando le verdure saranno cotte, metterle tutti insieme in un frullatore. Portare a bollore l'acqua delle verdure e mescolare con un po' di olio. Cuocere fino a quando il composto si addensa, aggiungere le verdure e cuocere per altri 5-7 minuti. Servire caldo.

Valori nutrizionali per 1 tazza:

Carboidrati 15g

Zucchero 5.2g

Proteine 7,2 g

Grasso totale 4.1g

Sodio 887 mg

Potassio 376mg

Calcio 25.5mg

Ferro 1.2mg

Vitamine (vitamina A; C)

Calorie 120

## 40. Insalata di tonno e lattuga

Ingredienti:

1 mazzetto di lattuga

3 scatolette di tonno senza olio

1 cucchiaio di succo di limone

2 cipolle grandi

2 grossi pomodori

5 olive

Preparazione:

Lavare e tagliare la lattuga. Mescolare con tonno. Sbucciare e tagliare la cipolla, tagliare il pomodoro, mescolare con tonno e lattuga. Aggiungere il succo di limone e le olive.

Valori nutrizionali per 1 tazza:

Carboidrati 19.4g

Zucchero 12g

Proteine 31.2g

Grassi totali (grasso buono monoinsaturo) 11.5g

Sodio 141mg

Potassio 86.1mg

Calcio 43.2mg

Ferro 0.31mg

Vitamine (vitamina A, B-6, B-12; C; D, D2, D3, K, riboflavina, niacina, tiamina, K)

Calorie 71

## 41. Filetti di trota alla griglia con prezzemolo

Ingredienti:

3 filetti di trota

1 cucchiaio di prezzemolo

3 cucchiai di olio d'oliva

6 spicchi d'aglio

Preparazione:

Mescolare l'aglio tritato con prezzemolo e olio d'oliva. Stendere sul pesce e friggere in una padella per circa 15-20 minuti, su entrambi i lati. Togliere dalla padella e utilizzare una carta da cucina per assorbire l'olio in eccesso.

Valori nutrizionali per 100g:

Carboidrati 0.2g

Zucchero 0

Proteine 25,2 g

Grasso totale 6.6g

Sodio 113,8 mg

Potassio 61mg

Calcio 29mg

Ferro 0.33mg

Vitamine (vitamina A, B-6, B-12; C; D, D2, D3, K, riboflavina, niacina, tiamina, K)

Calorie 170

## 42. Zuppa di cavolfiore

Ingredienti:

1 tazza di cavolfiore

1 piccola carota

1 piccola cipolla

pepe

1 cucchiaio di olio

Preparazione:

Preparazione:

Lavare le cipolle e le carote, ma senza tagliarle. Metterle insieme con i cavolfiori in acqua salata e cuocere. Quando le verdure saranno cotte, metterle tutti insieme in un frullatore. Portare a bollore l'acqua delle verdure e mescolare con un po' di olio. Cuocere fino a quando il composto si addensa, aggiungere le verdure e cuocere per altri 5-7 minuti. Servire caldo.

Valori nutrizionali per 1 tazza:

Carboidrati 13g

Zucchero 4.2g

Proteine 6,2 g

Grasso totale 4.4g

Sodio 862 mg

Potassio 366mg

Calcio 24.1mg

Ferro 2mg

Vitamine (vitamina A; C)

Calorie 118

## 43. Frittata al pomodoro

Ingredienti:

3 uova

1 grosso pomodoro

1 cipolla piccola

1 cucchiaino di olio d'oliva

sale q.b.

Preparazione:

Lavare e tagliare il pomodoro. Sbucciare e tagliare la cipolla. Friggere pomodoro e cipolla in olio di oliva per circa 10-15 minuti, ad una temperatura bassa. Togliere dal fuoco quando l'acqua evapora. Aggiungere le uova e mescolare bene. Friggere per altri 2 minuti.

Valori nutrizionali per 100 g:

Carboidrati 6.1g

Zucchero 2g

Proteine 20g

Grassi totali (grasso buono monoinsaturo) 12g

Sodio 176mg

Potassio 173mg

Calcio 15.9mg

Ferro 1.9mg

Vitamine (vitamina A, B-6, B-12; C)

Calorie 184

## 44. Filetto di salmone

Ingredienti:

1 grande filetto di salmone

1 cucchiaio di succo di limone

2 cucchiai di olio d'oliva

1 cucchiaio di peperoncino

Preparazione:

Lavare il filetto e asciugare con una carta da cucina. Cospargere il succo di limone su di esso e friggere in un pentolino per circa 15-20 minuti, ad una temperatura molto elevata. Togliere dalla padella e togliere l'olio in eccesso con una carta da cucina. Aggiungere il peperoncino prima di servire.

Valori nutrizionali per 100 g:

Carboidrati 2.9

Zucchero 0.8g

Proteine 24g

Grassi totali (grasso buono monoinsaturo) 14.6g

Sodio 63mg

Potassio 374mg

Calcio 0,9 mg

Ferro 1.8mg

Vitamine (vitamina A, B-6, B-12; C)

Calorie 220

## 45. Insalata di verdure miste

Ingredienti:

1 mazzetto di lattuga

1 piccola carota

1 pomodoro medio

1 cipolla media

1 piccolo cetriolo

1 melanzana media

1 zucchina media

1 cucchiaio di olio d'oliva

1 cucchiaino di succo di limone

Preparazione:

Sbucciare e tagliare melanzane e zucchine. Friggere in olio d'oliva per 8-10 minuti. Togliere dal tegame e assorbire l'olio in eccesso con carta da cucina. Nel frattempo, lavare e tagliare le verdure in piccoli pezzi. Mescolare melanzane e zucchine con altre verdure e condire con olio d'oliva e succo di limone.

Valori nutrizionali per una tazza:

Carboidrati 12.3g

Zucchero 8.9g

Proteine 11,2 g

Grassi totali (grasso buono monoinsaturo) 6.5g

Sodio 176,3 mg

Potassio 95mg

Calcio 63.5mg

Ferro 0.74mg

Vitamine (vitamina A, B-6, B-12; C; D, D2, D3, K, riboflavina, niacina, tiamina, K)

Calorie 51

## 46. Calamari alla griglia in salsa di curry

Ingredienti:

1 tazza di anelli di calamari congelati

¼ di tazza di acqua

1 cucchiaino di curry

2 cucchiai di olio d'oliva

2 spicchi d'aglio

1 cucchiaino di prezzemolo tritato

Preparazione:

Fare una salsa con acqua, aglio, prezzemolo, curry e olio d'oliva. Friggere gli anelli di calamari in una padella senza olio per 7-10 minuti, a una temperatura media. Si dovrebbe ottenere un bel colore dorato. Aggiungere la salsa ai calamari e friggere per qualche minuto. È possibile aggiungere ancora un po' d'acqua se la salsa è troppo densa.

Valori nutrizionali per 100g:

Carboidrati 0.2g

Zucchero 0g

Proteine 19,8 g

Grassi totali (grasso buono monoinsaturo) 2.8g

Sodio 96,3 mg

Potassio 0,3 mg

Calcio 1.5mg

Ferro 0,7 mg

Le vitamine (vitamina A, BD, D2; K)

Calorie 92

## 47. Sardine alla griglia

Ingredienti:

1 confezione piccola (200 g) di sardine congelate

4 spicchi d'aglio

4 cucchiai di olio d'oliva

3 cucchiaini di curcuma

½ cucchiaino di sale

Preparazione:

Scongelare e lavare le sardine. Preparare una salsa di aglio, olio e curcuma. Stenderla sopra le sardine e friggerle in una padella senza olio extra per circa 20 minuti a media temperatura. Esse devono avere un colore dorato-marroncino prima di essere servite. Aggiustare di sale.

Valori nutrizionali per 100g:

Carboidrati 0.2g

Zucchero 0g

Proteine 19 g

Grassi totali (grasso buono monoinsaturo) 6g

Sodio 225.3 mg

Potassio 3mg

Calcio 3,5 mg

Ferro 3.2mg

Vitamine (vitamina A, B-6; D; D2, D3, K, riboflavina, niacina, tiamina, K)

Calorie 130

## 48. Frullato di banane

Ingredienti:

1 banana grande

2 albumi

1.5 tazza di acqua

1 cucchiaino di vanillina

1 cucchiaio di sciroppo di agave

Preparazione:

Sbucciare e tritare le banane a cubetti. Mescolarle con altri ingredienti in un frullatore e mixare per 30 secondi, fino a quando la miscela sarà uniforme. Conservare in frigorifero e servire freddo.

Valori nutrizionali per 1 bicchiere:

Carboidrati 8g

Zucchero 4.9g

Proteine 10.2g

Grasso totale 2.67g

Sodio 74mg

Potassio 512.9mg

Calcio 79mg

Ferro 1.88mg

Vitamine (Vitamina B-6, B-12; D; D-D2 + D3)

Calorie 56

## 49. Peperoni alla griglia

Ingredienti:

2 peperoni verdi

1 cucchiaio di olio d'oliva

2 spicchi d'aglio

prezzemolo tritato

Preparazione:

Mescolare olio d'oliva con aglio e prezzemolo. Stendere la salsa sopra i peperoni e friggere in una padella a bassa temperatura per circa 10-15 minuti. Mescolare continuamente.

Valori nutrizionali per 100g:

Carboidrati 5g

Zucchero 2.2g

Proteine 1,8 g

Grasso totale 0,4 g

Sodio 4.3 mg

Potassio 191mg

Calcio 2.5mg

Ferro 1.8mg

Vitamine (vitamina A, B-6, B-12; C; D, D2, D3, K, riboflavina, niacina, tiamina, K)

Calorie 27

## 50. Insalata ai frutti di mare

Ingredienti:

1 confezione piccola (200 g) di frutti di mare misti surgelati

3 cucchiai di olio d'oliva

1 cipolla media

¼ cucchiaino di sale

¼ di tazza di acqua (opzionale)

Preparazione

Friggere il pesce congelato senza olio finché sarà tenero (provare il polpo, ci vuole più tempo). È possibile aggiungere un po' di acqua se necessario. Togliere dal tegame e lasciar raffreddare per circa un'ora. Sbucciare e tritare finemente la cipolla. Mescolarla con frutti di mare e aggiungere l'olio d'oliva. Questa insalata si serve fredda. Lasciar riposare in frigorifero per qualche ora prima di servire.

Valori nutrizionali per 1 tazza:

Carboidrati 3.45g

Zucchero 1.68g

Proteine 25,8 g

Grasso totale 16.4g

Sodio 827mg

Potassio 453mg

Calcio 13.5mg

Ferro 10mg

Le vitamine (vitamina C, B-6, B-12, A-RAE, A-UI; E; D; D-D2 + D3; K, Tiamina, riboflavina, niacina)

Calorie 280

## 51. Zucchine alla griglia con aglio

Ingredienti:

1 zucchina di grandi dimensioni

4 spicchi d'aglio

1 cucchiaio di olio d'oliva

¼ cucchiaino di sale

Preparazione:

Sbucciare e tagliare le zucchine a fette spesse. Tritare l'aglio e soffriggere per qualche minuto in olio d'oliva, fino a doratura. Aggiungere le zucchine e friggere per altri 10 minuti a bassa temperatura. Spolverare con prezzemolo tritato prima di servire. Aggiustare di sale.

Valori nutrizionali per porzione: 1

Carboidrati 3.6g

Zucchero 1.9g

Proteine 2,9 g

Grasso totale 0.9g

Sodio 2.21 mg

Potassio 354mg

Calcio 0.12mg

Ferro 0,2 mg

Vitamine (vitamina A, B-6, B-12; C; D: K)

Calorie 25

## 52. Mele al forno

Ingredienti:

2 grandi mele

1 cucchiaino di cannella

Preparazione:

Cuocere le mele a 300° per 15 minuti. Cospargere con cannella prima di servire.

Valori nutrizionali per 100g:

Carboidrati 14.8g

Zucchero 10g

Proteine 0,4 g

Grasso totale 0,3 g

Sodio 1.7mg

Potassio 108mg

Calcio 0mg

Ferro 0mg

Vitamine (vitamina A; C)

Calorie 53

## 53. Bistecca alla griglia con fette di ananas

Ingredienti:

1 grande bistecca

7 fette di ananas

1 cucchiaino di zenzero

poca acqua

pepe q.b.

Preparazione:

Cuocere le fette di ananas per 5-10 minuti, aggiungendo un po' d'acqua. Rimuovere le fette di ananas dalla padella e soffriggere la bistecca nella stessa padella per 15-20 minuti. È possibile aggiungere un po' di acqua, mentre la bistecca si cuoce. Servire con le fette di ananas e cospargere con lo zenzero. Pepare q.b.

Valori nutrizionali per 100g:

Carboidrati 3.8g

Zucchero 2.1g

Proteine 32,9 g

Grasso totale 4.9g

Sodio 64 mg

Potassio 413mg

Calcio 0mg

Ferro 17.8mg

Vitamine (vitamina A, B-6, B-12; C; D)

Calorie 182

## 54. Cavolfiore cotto con salsa alla menta

Ingredienti:

1 cavolfiore medio

1 cucchiaio di foglie di menta tritate

1 cucchiaino di zenzero

1 cucchiaio di sciroppo di agave

Preparazione:

Pulire e tagliare il cavolfiore in cubetti. Cuocere in acqua finché saranno teneri. Togliere dal piatto e scolare bene. Nel frattempo, fare una salsa con sciroppo di agave, zenzero e menta, unendo tutti gli ingredienti in una ciotola. Versare sopra i cavolfiori e lasciar raffreddare per un po' prima di servire.

Valori nutrizionali per 100g:

Carboidrati 6,8 g

Zucchero 2.8G

Proteine 1,9 g

Grasso totale 0,4 g

Sodio 31 mg

Potassio 301mg

Calcio 2.7mg

Ferro 2.3mg

Le vitamine (vitamina C; K)

Calorie 29

## 55. Zuppa di funghi

Ingredienti:

1 tazza di champignons freschi

1 piccola carota

1 piccola cipolla

¼ cucchiaino di pepe

1 cucchiaio di olio

Preparazione:

Lavare le cipolle e le carote, ma senza tagliarle. Metterle insieme con i funghi in acqua salata e cuocere. Quando le verdure saranno cotte, metterle tutti insieme in un frullatore. Portare a bollore l'acqua delle verdure e mescolare con un po' di olio. Cuocere fino a quando il composto si addensa, aggiungere le verdure e cuocere per altri 5-7 minuti. Servire caldo e cospargere, a piacere, di prezzemolo.

Valori nutrizionali per 1 tazza:

Carboidrati 3.3g

Zucchero 0.2g

Proteine 1,9 g

Grasso totale 2,6 g

Sodio 340 mg

Potassio 31mg

Calcio 0mg

Ferro 0mg

Le vitamine (vitamina D; K)

Calorie 41

## 56. Filetto di trota con mandorle e salsa curcuma

Ingredienti:

1 fetta sottile di filetto di trota

1 cucchiaino di curcuma

1 cucchiaio di olio d'oliva

½ tazza di mandorle

1 cucchiaino di rosmarino essiccato

¼ cucchiaino di pepe

Preparazione:

Lavare e asciugare il filetto. Cospargere con curcuma e friggere in olio bollente per pochi minuti su ogni lato. Toglierlo dalla padella. Fare una salsa di mandorle, olio di oliva, rosmarino e pepe. Versare la salsa sul filetto e friggere per qualche minuto, fino a quando diventa di colore marrone dorato.

Valori nutrizionali per 100g:

Carboidrati 3.7g

Zucchero 0.2g

Proteine 25g

Grasso totale 8,6 g

Sodio 62 mg

Potassio 263mg

Calcio 10mg

Ferro 2.5mg

Vitamine (vitamina A, B-6, B-12; C; D: K)

Calorie 173

## 57. Zuppa di trota

Ingredienti:

1 trota grossa

2 piccole carote

1 cucchiaio di olio d'oliva

1 cucchiaino di prezzemolo secco

aneto q.b.

Preparazione:

Lavare e pulire il pesce (rimuovere tutte le spine). Cuocere il pesce in una grande pentola per circa 20 minuti. Dopo averlo cotto, aggiungere un filo d'olio (solo per coprire il fondo). Friggere le carote tritate per qualche minuto e aggiungere acqua, prezzemolo e aneto. Far cuocere per altri 15 minuti. Dopo circa 15 minuti aggiungete il pesce (intero o tagliato in grossi pezzi). Mettere in ogni piatto 1 cucchiaino di olio d'oliva e versare la zuppa.

Valori nutrizionali per 1 tazza:

Carboidrati 3.4g

Zucchero 0.9g

Proteine 5,9 g

Grasso totale 2g

Sodio 365 mg

Potassio 123mg

Calcio 2.3mg

Ferro 2.3mg

Vitamine (vitamina A, B-6, B-12; C)

Calorie 46

## 58. Insalata al cetriolo

Ingredienti:

3 grandi cetrioli

6 cucchiai di noci grattugiate

3 cucchiai di olio di semi di sesamo

Preparazione:

Sbucciare e tagliare i cetrioli a fette sottili. Condire con olio di semi di sesamo e cospargere con le noci grattugiate.

Valori nutrizionali per 100g:

Carboidrati 6,8 g

Zucchero 2.7g

Proteine 5,9 g

Grasso totale 4.9g

Sodio 5.76 mg

Potassio 213mg

Calcio 5.27mg

Ferro 2,1 mg

Vitamine (vitamina A, B-6, B-12; C; D: K)

Calorie 34

## 59. Funghi alla griglia con salsa di aglio

Ingredienti:

3 tazze di funghi champignon freschi

6 spicchi d'aglio

3 cucchiai di olio d'oliva

¼ cucchiaino di pepe

Preparazione:

Friggere i funghi senza olio in una padella a bassa temperatura fino far evaporare tutta l'acqua. Nel frattempo, tritare l'aglio, aggiungerlo alla padella e mescolare con i funghi. Friggere per qualche altro minuto. Cospargere con olio d'oliva prima di servire. Aggiungere un po' di pepe a piacere. Servire caldo.

Valori nutrizionali per una tazza:

Carboidrati 5.2g

Zucchero 1.3g

Proteine 8,2 g

Grassi totali (grasso buono monoinsaturo) 2.3g

Sodio 47.3 mg

Potassio 25.1mg

Calcio 13.1mg

Ferro 0.61mg

Vitamine (vitamina A, B-6, B-12; C; D, D2, D3, K, riboflavina, niacina, tiamina, K)

Calorie 98

## 60. Palline di mela e carota con cannella

Ingredienti:

5 grandi mele

3 carote grandi

6 cucchiaini di cannella

6 cucchiaini di sciroppo di agave

3 cucchiaini di succo di limone

Preparazione:

Sbucciare le mele e le carote. Mescolare tutti gli ingredienti in un frullatore per ottenere un composto omogeneo. Fare delle palline e permettere loro di raffreddare in frigorifero per qualche ora.

È possibile aggiungere noci o mandorle grattugiate a questa ricetta. Questo è facoltativo, ma aumenterà le proteine totali.

Valori nutrizionali per 100g:

Carboidrati 17.2g

Zucchero 15.3g

Proteine 9.1 g

Grassi totali (grasso buono monoinsaturo) 2.3g

Sodio 147.4 mg

Potassio 625mg

Calcio 13.1mg

Ferro 11.61mg

Vitamine (vitamina A, B-6, B-12; C; D, D2, D3, K, riboflavina, niacina, tiamina, K)

Calorie 78

## ALTRI GRANDI TITOLI DELL'AUTORE

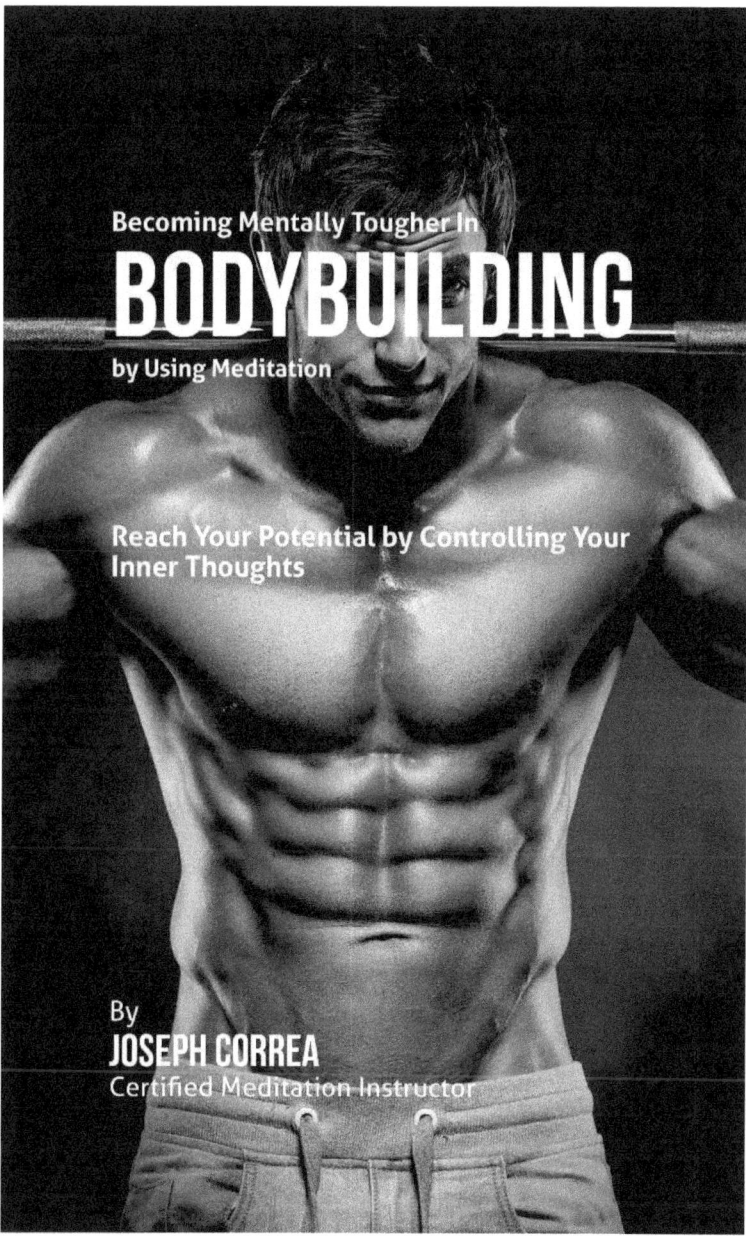

www.ingramcontent.com/pod-product-compliance
Lightning Source LLC
Chambersburg PA
CBHW071738080526
44588CB00013B/2079